# BEI GRIN MACHT SICH IHR WISSEN BEZAHLT

AF136944

- Wir veröffentlichen Ihre Hausarbeit, Bachelor- und Masterarbeit

- Ihr eigenes eBook und Buch - weltweit in allen wichtigen Shops

- Verdienen Sie an jedem Verkauf

Jetzt bei www.GRIN.com hochladen und kostenlos publizieren

**Bibliografische Information der Deutschen Nationalbibliothek:**

Die Deutsche Bibliothek verzeichnet diese Publikation in der Deutschen National-
bibliografie; detaillierte bibliografische Daten sind im Internet über http://dnb.d-
nb.de/ abrufbar.

**Impressum:**

Copyright © 2020 GRIN Verlag
Druck und Bindung: Books on Demand GmbH, Norderstedt Germany
ISBN: 9783346113016

**Dieses Buch bei GRIN:**

https://www.grin.com/document/520606

Anonym

# Betriebliche Weiterbildung als Faktor im Retention Management

GRIN Verlag

**GRIN - Your knowledge has value**

Der GRIN Verlag publiziert seit 1998 wissenschaftliche Arbeiten von Studenten, Hochschullehrern und anderen Akademikern als eBook und gedrucktes Buch. Die Verlagswebsite www.grin.com ist die ideale Plattform zur Veröffentlichung von Hausarbeiten, Abschlussarbeiten, wissenschaftlichen Aufsätzen, Dissertationen und Fachbüchern.

**Besuchen Sie uns im Internet:**

http://www.grin.com/

http://www.facebook.com/grincom

http://www.twitter.com/grin_com

Duale Hochschule Baden-Württemberg Mannheim

Fakultät Wirtschaft

Studiengang BWL – Industrie

Seminararbeit

# Betriebliche Weiterbildung als Faktor im

# Retention Management

# Inhaltsverzeichnis

# 1. Problemstellung und Zielsetzung

Der Arbeitsmarkt verschiebt sich derzeit mehr und mehr von einem Arbeitgebermarkt zu einem Arbeitnehmermarkt hin. Mitarbeiter wollen zunehmend entscheiden, bei wem sie arbeiten, wie sie sich weiterbilden und wie sie ihre Karriere gestalten. Angesichts des demographischen Wandels und der sich abzeichnenden Arbeitskräfteknappheit müssen sich die Unternehmen systematisch mit den Bedürfnissen der neuen Generation auseinandersetzen. Arbeitgeber müssen sich zunehmend mit dem Retention Management befassen und sich fragen, wie sie ihre Mitarbeiter langfristig motivieren können, um sie an ihr Unternehmen zu binden.[1] Das zu akzeptieren und das eigene Unternehmen danach auszurichten ist für viele Unternehmen eine große Herausforderung.[2]

Das Ziel dieser Arbeit besteht darin zu erklären, warum das Retention Management für Unternehmen von essentieller Bedeutung ist und die betriebliche Weiterbildung als Instrument zwingend eingesetzt werden muss.

# 2. Grundlagen des Retention Management
## 2.1. Begriffserläuterung

Das Retention Management umfasst alle Maßnahmen, die darauf abzielen die Mitarbeiter in ausreichend qualitativer sowie quantitativer Menge langfristig im Unternehmen zu halten und somit das Überleben der Organisation zu sichern. Im Deutschen wird hierfür auch der Begriff „Mitarbeiterbindung" verwendet. Mitarbeiterbindung wird dadurch charakterisiert, dass die Vorteile des Verbleibs im Unternehmen gegenüber dem Wechsel zu einem anderen Arbeitgeber überwiegen.

Zielgruppen sind besonders die talentierten und leistungsbewussten Mitarbeiter sowie Experten, deren Wissen und Kompetenzen nirgendwo sonst im Unternehmen vorhanden sind und schlecht am externen Markt beschaffen werden können. Denn diese gehören gleichzeitig zu der Gruppe, die am stärksten auf dem Arbeitsmarkt

---

[1] Stumpf, M.: Employer Branding für KMU, Der Mittelstand als attraktiver Arbeitgeber, Wiesbaden 2014, S.3

2 Im Rahmen dieser Arbeit wird überwiegend die männliche Bezeichnung verwendet, um die Lesbarkeit des Textes nicht zu beeinträchtigen. Selbstverständlich sind jeweils beide Geschlechter umfasst.

nachgefragt werden und daher auch häufig zu einem Unternehmenswechsel neigen. Auf der anderen Seite dürfen Beschäftigte mit geringerem Bildungsniveau bei der Weiterbildung nicht vernachlässigt werden, da sonst Leistungspotenziale verschenkt werden.[3]

Die identifizierten Talente sollen durch systematisch ausgewählte Instrumente gezielt angesprochen werden. Ziel ist dabei nicht nur die Bindung, sondern auch die Leistungsförderung sowie die Steigerung der Loyalität gegenüber der Organisation. Das Retention Management soll dazu führen, dass die Mitarbeiter aus eigenem Willen im Unternehmen verbleiben und Verhaltensweisen an den Tag legen, die dem Unternehmen nützlich sind.[4]

## 2.2. Zunehmende Bedeutung des Retention Management

Das Themengebiet Mitarbeiterbindung ist im Verhältnis zu anderen Feldern im Personalbereich relativ neu. In Zeiten, in denen es hunderte Bewerbungen auf eine ausgeschriebene Stelle und Arbeitskräfte im „Überfluss" gab, sind Angestellte meist bis zur Rente im Unternehmen geblieben. Maßnahmen zur Mitarbeiterbindung waren schlichtweg nicht notwendig. Doch der deutsche Arbeitsmarkt untergeht seit einigen Jahren einem Wandel.[5]

Durch den demografischen Wandel wird die Bevölkerungszahl und Altersstruktur in Deutschland stark beeinflusst. Seit den siebziger Jahren hat sich aufgrund des ständig steigenden Lebensstandard die Lebenserwartung bei Geburt um etwa 2,5 Jahre pro Dekade erhöht.[6] Parallel dazu haben die Geburtenrate seit den siebziger Jahren stark abgenommen. Nach den hohen Geburtenraten der 1950er und 1960er Jahren (Babyboom) sind die Raten innerhalb weniger Jahre deutlich gesunken. Von einem ehemaligen Niveau von 2,1 Kinder pro Frau ist das Niveau auf 1,4 Kinder pro Frau gefallen. Durch das gleichzeitige Wirken beider Effekte kommt es nicht

---

[3] Kauffeld, S.: Nachhaltige Personalentwicklung und Weiterbildung, Berlin, Heidelberg 2016, S.10
[4] Busold, M.: War of Talents, Erfolgsfaktoren im Kampf um die Besten, Berlin 2019, S.166ff.
[5]Vgl. Busold (2019), S.5
[6] Statistisches Bundesamt: Allgemeine Sterbetafeln für Deutschland 2010/2012, Wiesbaden 2015.

nur zur Alterung des Individuums, sondern zu einer erheblichen Alterung der Gesellschaft als Ganzes.[7]

Des Weiteren führt die beschriebene Alterung und Schrumpfung der Bevölkerung zu einem Rückgang der Personen im erwerbsfähigen Alter. Für den Arbeitsmarkt bedeutet dies, dass das Arbeitskräftepotential noch stärker schrumpfen wird als die Bevölkerung insgesamt.[8] Laut Berechnungen des statistischen Bundesamtes kann der demografische Wandel auch trotz hoher Nettozuwanderung nicht vollständig verhindert werden.[9]

Durch den Mangel an möglichem Arbeiterpotenzial steigt gleichzeitig auch das Bedürfnis an qualifizierten Arbeitskräften. Es ist die Rede von einem Fachkräftemangel, welcher durch die Digitalisierung noch verstärkt wird. Viele „einfache" Berufe werden durch Maschinen oder eine IT-Lösung ersetzt und gleichzeitig entstehen neue Stellen, die ein viel komplexeres Fachwissen voraussetzen.

Der Fachkräftemangel wird dadurch gekennzeichnet, dass die Anzahl der offenen Stellen größer ist als die Anzahl geeigneter Fachkräfte. Folglich kommt es zu einem Wettbewerb zwischen den einzelnen Unternehmen um die besten Experten. Die Arbeitgeber müssen attraktive Gründe liefern, warum sich Arbeitskräfte für ihr Unternehmen entscheiden sollten.[10] Da folglich die Rekrutierung befähigtem Personals erschwert wird, gewinnt das Retention Management zusätzlich an Bedeutung im Unternehmen. Statt sich größtenteils auf die Rekrutierung neuer Mitarbeiter zu konzentrieren, befassen sich Unternehmen nun zunehmend mit der Bindung bereits angestelltem Personal.[11]

Neben dem sich abzeichnenden Fachkräftemangel als Folge des demografischen Wandels gibt es noch einen weiteren Wandel auf dem Arbeitsmarkt. Verschiedene Generationen haben verschiedene Werte. Allgemein sind Werte Auffassungen und Überzeugungen, die für ein Individuum oder eine Gemeinschaft wichtig sind. Sie

---

[7] Vgl. Statistisches Bundesamt: Bevölkerung Deutschlands bis 2060 – 13. koordinierte Bevölkerungsvorausberechnung, Wiesbaden 2015.
[8] Kröhnert, S., Medicus, F., Klingholz, R.: Die demografische Lage der Nation, 1.Aufl., Berlin, 2006, S. 20
[9] Statistisches Bundesamt: Pressemitteilung vom 27. Juni 2019 – 242/19/
[10] Vgl. Stumpf (2014), S.4ff.
[11] Barsch, P.; Traschsel, G.: Chefsache Fachkräftesicherung, Wiesbaden 2018, S.115

entwickeln sich aus individuellen sowie kollektiven Erfahrungen, die in den Kinder- und Jugendjahren gemacht wurden.[12] Beispiele hierfür sind Kriege oder Nachkriegszeiten. Während die Nachkriegsgeneration hohe Leistungsorientierung und Suche nach Beständigkeit aufweisen, stellt die jüngere Generationen, meist aus behüteten Familienverhältnissen alles in Frage, was für die Eltern als Normalität galt. Vor allem die Menschen, die nach 1981 geboren sind, auch Generation Y genannt, stellen völlig neue Anforderungen an die Arbeitswelt. Es geht nichtmehr nur darum eine Stelle zu finden, um irgendwie Geld in die Haushaltskasse zu bekommen, sondern viele weitere Kriterien, wie ein ausgeglichenes Verhältnis zwischen Arbeit und Freizeit oder einer persönlich passenden Unternehmenskultur spielen zusätzlich eine Rolle. Doch am allerwichtigsten ist es für die Generation Y eine Arbeit zu finden, die sinngebend ist und zur eigenen Selbstverwirklichung beiträgt. Um einen Job zu finden, der diese Kriterien erfüllt, sind junge Menschen durchaus bereit ihren Arbeitsplatz zu wechseln. Aus diesem Grund müssen sich Unternehmen im Rahmen des Retention Management mit den Werten der neuen Generationen befassen, um gezielte Maßnahmen einzusetzen, die den Anforderungen der Generation Y gerecht werden. Andernfalls sind die qualifizierten Mitarbeiter schnell an die Konkurrenz verloren.[13]

## 2.3. Chancen und positive Effekte des Retention Management

Durch das Retention Management soll eine emotionale Verbindung zwischen Arbeitnehmer und Unternehmen geschaffen werden, insbesondere auch das Verhältnis von Mitarbeiter zu Führungskraft. Denn emotional gebundene Mitarbeiter sind zufriedener, leistungsbereiter und weisen weniger Fehlzeiten auf. Wer sich als Teil des Unternehmens sieht, zeigt höheres Engagement und eine größere Bereitschaft auch in schwierigen Zeiten die Extra-Meile zu gehen, um die Ziele der Organisation zu erreichen. Des Weiteren führt ein Zugehörigkeitsgefühl zu mehr Loyalität und Leistungsbereitschaft. All diese Effekte wirken sich

---

[12] Klaffke, M.: Personalmanagement von Millennials, Konzepte, Instrumente und Best-Practice-Ansätze, Wiesbaden 2011, S.6
[13] Vgl Klaffke (2011), S.11ff.

wiederum positiv auf die Produktivität, die Innovationsfähigkeit, das Image und somit den Erfolg des Unternehmens aus.[14]

Doch auch aus der Sicht der Angestellten ergeben sich Vorteile. Eine enge Bindung zum Arbeitgeber trägt positiv zum Selbstwertgefühl und einer stabilen psychischen Gesundheit bei.[15] Wenn sich ein Arbeitnehmer mit dem Unternehmen, seiner Abteilung und dem Produkt identifizieren kann, wird sein Bedürfnis nach Selbstverwirklichung und einer sinngebenden Arbeit befriedigt.[16]

Ein weiterer positiver Effekt des Retention Management ist die verringerte Fluktuation, wodurch direkte und indirekte Kosten eines Personalwechsels gespart werden, die oft deutlich höher sind als die Kosten der Mitarbeiterbindung. Hohe Fluktuation sollte nicht nur aufgrund der Kosten verhindert werden, sondern auch wegen des Verlusts von (Fach-) Wissen und Fähigkeiten bei Abgang eines Mitarbeiters. Ferner führt eine niedrige Fluktuationsrate zu einem positiven öffentlichen Ansehen.[17]

## 3. Betriebliche Weiterbildung

### 3.1. Begriffserläuterung

Zur betrieblichen Weiterbildung gehören alle Maßnahmen, die ein Unternehmen seiner Mitarbeiter im Anschluss an die Erstausbildung anbietet und finanziert. Sie bezieht sich auf die Vertiefung und Fortsetzung berufsbezogener Kompetenzen und wird vom kurzfristigen Anlernen oder Einarbeiten am Arbeitsplatz klar abgegrenzt. Ziel dabei ist es, durch Qualifizierungsmaßnahmen die Individuen an wandelnde Rahmenbedingungen anzupassen, um somit Beschäftigung zu erhalten und den Unternehmenserfolg zu sichern.[18]

---

[14] Vgl. Busold (2019), S.168f.
[15] Felfe, J.: Mitarbeiterbindung, Göttingen 2008, S.13
[16] Szebel-Habig, A.: Mitarbeiterbindung, Auslaufmodell Loyalität?, Weinheim 2004, S.24
[17] Meifert, M.: Strategic Human Resource Development, Berlin, Heidelberg 2013, S.219f
[18] Deutscher Bildungsrat: Strukturplan für das Bildungswesen. Empfehlungen der Bildungskommission. Stuttgart 1970, S.197

## 3.2. Betriebliche Weiterbildung als Instrument im Retention Management

Besonders in Zeiten des Fachkräftemangels geht es nicht nur darum neue Mitarbeiter für sich zu gewinnen, sondern auch darum, die bereits Angestellten zu behalten und somit unabhängig vom externen Arbeitsmarkt zu werden.

Laut der Studie „Weiterbildungstrends in Deutschland 2018", die jährlich von Kantar TNS im Auftrag der SGD durchgeführt wird, halten 88 Prozent der 300 befragten Personalverantwortlichen, die betriebliche Weiterbildung als die wichtigste Maßnahme im Kampf gegen den Fachkräftemangel.[19]

Die betriebliche Weiterbildung ist dennoch für viele Unternehmen ein unterschätztes Instrument zur Mitarbeiterbindung. Auf der einen Seite wird durch ein vorausschauendes Bildungsangebot eine Über- oder Unterforderung des Personals vermieden, wodurch sich die Motivation und Arbeitszufriedenheit erhöht. Auf der anderen Seite dient es der Persönlichkeitsentfaltung und bindet den Mitarbeiter emotional an das Unternehmen. Wer von seinem Vorgesetzten eine Weiterbildung bezahlt bekommt, findet dies in der Regel wertschätzend. Somit profitiert ein Unternehmen gleichzeitig durch Wissenszuwachs und motivierten Arbeitnehmern.[20]

## 3.3. Weitere Vorteile der betrieblichen Weiterbildung

Für Unternehmen lohnt sich die betriebliche Weiterbildung nicht nur um die Mitarbeiterbindung zu stärken, sondern auch um folgende Ziele zu erreichen:

- **Wissen aktuell halten:** Durch die stetig technisch-digitalen Fortschritte verliert das erworbene Wissen immer schneller an Aktualität und muss demnach ständig angepasst werden. Durch die Qualifizierung von Mitarbeitern werden Potenziale optimal genutzt und gleichzeitig dem Fachkräftemangel entgegengewirkt.[21]

---

[19] Kantar TNS-Studie: Weiterbildungstrends in Deutschland 2018, Darmstadt 06,06.2018
[20] Seyda, Dr. S.; Metzler, C. (Institut der deutschen Wirtschaft): Betriebliche Weiterbildung, Köln 2016, S.4ff.
[21] BDA, Bundesvereinigung der Deutschen Arbeitgeberverbände: Bildung 2030 im Blick ,Berlin 2017, S.56ff.

- **Kosten senken:** Die Weiterbildung des Personals ist meist kostengünstiger als externe Rekrutierung. Durch die geminderte Fluktuationsrate werden Rekrutierungs- und Fehlbesetzungskosten vermieden. Die bereits Beschäftigten sind mit dem Unternehmen und seinen Arbeitsabläufen vertraut und müssen nicht erst neu eingelernt werden.

- **Stärkung der Innovationskraft:** Sind regelmäßige Weiterbildungen Teil der Unternehmenskultur, sind die Mitarbeiter offener gegenüber ihrer persönlichen Weiterbildung und ergreifen oftmals selbst die Initiative.

- **Flexibles Personal:** Durch eine bedarfsgerechte Weiterbildung sind die Angestellten besser und umfassender qualifiziert. Dadurch können sie eher komplexe und neue Aufgaben meistern und haben eine generell höhere Akzeptanz gegenüber Veränderungen.[22]

- **Stärkung der Arbeitgeberattraktivität:** Ein angenehmer Nebeneffekt für alle Unternehmen, die die Weiterbildung ihrer Mitarbeiter fördern, ist das Entstehen eines positiven Arbeitgeberimages. Für viele potentielle Bewerber ist dies ein Kriterium bei der Auswahl ihres zukünftigen Arbeitgebers.[23]

## 4. Entwicklung von Weiterbildungsmaßnahmen im Rahmen des Retention Managements

### 4.1. Bedarfsanalyse ohne personelle Berücksichtigung:

Zentrales Ziel der Weiterbildung ist es, die Belegschaft mit den erforderlichen Kompetenzen auszustatten. Zuallererst gilt es daher herauszufinden, welche Funktionen für den Geschäftserfolg und die zukünftige Entwicklung des Unternehmens besonders relevant sind. Ein nützliches Instrument dafür ist die SWOT-Analyse (Strengths, Weaknesses, Opportunities, Threats). Dabei werden sowohl die Stärken und Schwächen einer Unternehmung, als auch externe Faktoren, wie beispielsweise die Veränderung des Marktes oder das

---

[22] Vgl: Seyda; Metzler (2016), S.4
[23] Vgl. Kauffeld (2016), S.17

Konkurrenzverhalten thematisiert. Anschließend werden davon die benötigten Kompetenzen, d.h. Wissen, Fähigkeiten, Fertigkeiten und Eigenschaften abgeleitet, die zur Funktionserfüllung notwendig sind.

Die Erhebung dieser Informationen sollte auf einer rein analytischen Ebene durchgeführt werden, ohne Angst oder Gunst, wenn es um die Anliegen einzelner Personen geht. Nur so kann vollständige Transparenz über den Wert der verschiedenen Funktionen geschaffen werden.[24]

## 4.2. Personenanalyse

In der Bedarfsanalyse wurden keine Persönlichkeiten berücksichtigt, nun aber wird anhand einer Personenanalyse untersucht, für welche Mitarbeiter es sich in eine Weiterbildung zu investieren lohnt. Entweder weil ihnen die für ihre Tätigkeit erforderlichen Kompetenzen fehlen oder weil ihre Fähigkeiten für neue Aufgaben weiter entwickelt werden sollen. Dazu sollte sich die Führungskraft fragen, wie erfolgreich ein Mitarbeiter in seiner momentanen Position ist. Zur Beantwortung dieser Frage kann ein Stärken-/Schwächenprofil für die entsprechende Person entworfen werden.[25]

Weiterbildungsmaßnahmen im Unternehmen sollten niemals ausschließlich defizitorientiert sein. Vielmehr sollten Weiterbildungen als Maßnahme des Retention Managements eingesetzt werden. Besonders für erfolgreiche Mitarbeiter können betriebliche Trainings einen Belohnungscharakter haben. Denn gerade die engagierten Mitarbeiter werden am stärksten auf dem Arbeitsmarkt nachgefragt oder sind bereit für einen Arbeitgeberwechsel, wenn sie in ihrem bisherigen Betrieb nicht weiterkommen. Weiterbildungen stellen einen erheblichen Kostenfaktor dar, weshalb der Arbeitgeber abwägen muss, in wieweit eine Weiterbildung für einen bestimmten Mitarbeiter sinnvoll ist. Die strategisch wichtigen Mitarbeiter müssen identifiziert werden, um im nächsten Schritt gezielter auf deren Bedürfnisse eingehen zu können.[26]

---

24 Vgl. Meifert (2013), S.228
25 Business-wissen: Berufliche Fortbildung und Weiterbildung: Wie Sie den Bedarf an betrieblicher Fortbildung und Weiterbildung ermitteln (https://www.business-wissen.de/hb/wie-sie-den-bedarf-an-betrieblicher-fortbildung-und-weiterbildung-ermitteln/)
[26] Vgl. Kauffeld (2016), S.21ff.

## 4.3. Mitarbeiter einbeziehen

Im dritten Schritt geht es darum die Mitarbeiter mit in die Planung einzubeziehen. Zum einen kennt jeder Einzelne seinen Nachholbedarf am besten, zum anderen setzt Lernen auch immer Eigenverantwortung und Weiterbildungswillen voraus. Können die Mitarbeiter ihre persönliche Weiterbildung selbst bestimmen, wird ihre Motivation steigen und gleichzeitig die Abbruchwahrscheinlichkeit sinken.[27]

Durch persönliche Gespräche oder schriftliche Befragungen soll den Mitarbeitern möglich gemacht werden, ihre Weiterbildungswünsche und Karriereplanung zu äußern. Haben Mitarbeiter das Gefühl beruflich auf der Stelle zu treten, könnte eine entsprechende Weiterbildung die Sehnsüchte nach neuen Herausforderungen und mehr Abwechslung befriedigen. Darüber hinaus können Weiterbildungen zur Selbstverwirklichung jedes Einzelnen beitragen. Dies kann vor allem für die Generation Y ein ausschlaggebendes Kriterium sein, wenn es um die Entscheidung geht, das Unternehmen zu verlassen oder nicht.[28]

Doch die Interessen von Seiten der Arbeitnehmer sind nicht immer übereinstimmend mit denen der Arbeitgeber oder oft nur schwer miteinander zu vereinbaren. Dies betrifft nicht nur die Weiterbildungsrichtung, sondern auch zum Beispiel die Ansprüche oder Verpflichtungen der betrieblichen Weiterbildung sowie deren Dauer und Lage. Wenn die betriebliche Weiterbildung als Instrument des Retention Managements eingesetzt wird, sollten jedoch die Interessen des Arbeitnehmers eine bedeutende Rolle spielen. Denn das Ziel ist, den Mitarbeiter durch ein attraktives Weiterbildungsangebot im Unternehmen zu halten. Wenn der Arbeitnehmer seine berufliche Entwicklung mitbestimmen kann, steigt seine Zufriedenheit, Motivation sowie die emotionale Gebundenheit an das Unternehmen.

---

[27] Vgl. Seyda; Metzler (2016), S.6f.
[28] Sass, E.: Mitarbeitermotivation, Mitarbeiterbindung, Was erwarten Arbeitnehmer?, Wiesbaden 2019, S.19

## 4.4. Auswahl geeignete Weiterbildungsmaßnahmen

Die Unternehmen können auf eine große Vielfalt an Weiterbildungsmaßnahmen zurückgreifen. Vor allem durch die neuen Medien entstehen neue Möglichkeiten. Neben der Weiterbildung in Präsenzform, können Inhalte auch in Form von Fernlehre, auch E-Learning genannt, vermittelt werden. Je nach Maßnahme kann eine Weiterbildung Tage, Wochen oder sogar ein oder mehrere Monate umfassen. Dabei können die in Anspruch genommenen Stunden ganz oder teilweise auf die Arbeitszeit entfallen.[29]

Grundsätzlich wird zwischen „on the-job", „off the-job" und „near-the-job" unterschieden, wobei in der Praxis die Trainingsformen oftmals kombiniert werden:

- **On-the-job:**

  „On-the-job" bezeichnet alle Formen der Weiterbildung, die direkt am Arbeitsplatz stattfinden. Dazu wird der Weiterzubildende von erfahrenen Kollegen (Experten) betreut, der ihm vor Ort die Aufgaben und Abläufe erklärt.

| Vorteile | Nachteile |
|---|---|
| • Neues Wissen wird sofort im normalen Geschäftsalltag angewendet → enger Bezug zur Praxis<br>• Geringe Kosten und kurze Vorbereitungszeit | • Anlernen des Mitarbeiters kostet den Experten Zeit, sodass er weniger produktiv ist<br>• Risiko der Weitergabe falscher Informationen. |

[30]

- **Off-the-job:**

  Alle Maßnahmen die in den Bereich „off-the-job" fallen, finden außerhalb des Arbeitsplatzes beziehungsweise des Unternehmens statt. Die Lerninhalte werden in Form von Vorlesungen und Kursen durch verschiedene externe Anbieter vermittelt. Weiterbildung off-the-job kann als sowohl als langfristige Methode als auch als einmaliges Seminar

---

[29] Vgl. Kauffeld (2016), S.1
[30] Vgl. Kauffeld (2016), S.105

stattfinden. In beiden Fällen wird betriebsübergreifendes, theoretisches Wissen vermittelt.

| Vorteile | Nachteile |
|---|---|
| • Seminarteilnehmer bekommt einen Blickwinkel über das eigene Unternehmen hinaus <br> • Es werden in vergleichsweise kurzer Zeit viele Informationen vermittelt. | • die Weiterzubildenden fehlen einen Teil ihrer regulären Arbeit <br> • Umsetzung des theoretischen Wissens in die Praxis problematisch [31] |

- **Near-the-job:**

  „Near-the-job" Maßnahmen verbinden die Vorteile von „on-the-job" mit den Vorteilen der „off-the-job" Weiterbildungen. Dabei handelt es sich um Maßnahmen, die nicht direkt am eigenen Arbeitsplatz stattfinden, aber inhaltlich einen klaren Bezug zur Arbeitstätigkeit und des Unternehmens haben. Dadurch kann eine große Anzahl an Inhalten professionell vermittelt und anschließend leichter in die Praxis umgesetzt werden.[32]

Die Selektion der optimalen Methode richtet sich primär nach den konkreten Weiterbildungszielen. Demnach muss vor der Auswahl der Weiterbildungsmaßnahme geklärt werden, was genau die Teilnehmer nach dem Training wissen und durchführen sollen. Anschließend wird jene Methode gewählt, durch welche die Ziele am besten erreicht werden können. Des Weiteren spielen Aspekte, wie der finanzielle und zeitliche Rahmen, der Anbieter der Weitebildung sowie die persönliche Präferenz eine Rolle.

Aufgrund der Vielzahl an Lernmöglichkeiten kann für jeden Beschäftigten ein passendes Lernformat gefunden werden. So können die individuellen Voraussetzungen und Interessen berücksichtigt werden.[33]

---

[31] Vgl. Kauffeld (2016), S.109f.
[32] Vgl Kauffeld (2016), S.110
[33] Vgl. Seyda; Metzler (2016), S.7f.

# 5. Fazit

In dieser Arbeit wurde deutlich, warum aufgrund des demografischen Wandels in Deutschland ein Retention Management im Unternehmen von essentieller Bedeutung ist. Für zukunftsorientierte Unternehmen ist es unumgänglich in die Mitarbeiterbindung zu investieren.

Es sprechen viele Gründe dafür, warum betriebliche Weiterbildungsmaßnahmen das ideale Instrument im Rahmen des Retention Management sind.

Dabei gibt es eine Reihe von Grundprinzipien, die berücksichtigt werden müssen, damit die Weiterbildungsmaßnahmen ihren Zweck erfüllen. Zum einen muss auf die Sinnhaftigkeit für das Unternehmen, im Sinne von Präventionsarbeit geachtet werden. Auf der anderen Seite sollten Weiterbildungen personalisiert sein und die Interessen der Mitarbeiter miteinbezogen werden. Die Maßnahmen müssen immer sowohl dem Unternehmen als auch der Selbstverwirklichung des Mitarbeiters dienen.

Werden diese Prinzipien beachtet, führt das gezielte Einsetzen von Weiterbildungsmaßnahmen nicht nur zu einer Stärkung der Mitarbeiterbindung, sondern wirkt auch dem Fachkräftemangel und der abnehmenden Halbwertszeit des Wissens entgegen.

# Literaturverzeichnis

## Bücher:

- Immerschitt; Wolfgang; Stumpf, Marcus: Employer Branding für KMU, Der Mittelstand als attraktiver Arbeitgeber, Wiesbaden 2014

- Kauffeld, Simone: Nachhaltige Personalentwicklung und Weiterbildung, Berlin, Heidelberg 2016

- Busold, Matthias: War of Talents, Erfolgsfaktoren im Kampf um die Besten, Berlin 2019

- Barsch, Petra; Traschsel, Gabriele: Chefsache Fachkräftesicherung, Wiesbaden 2018

- Klaffke, Martin: Personalmanagement von Millennials, Konzepte, Instrumente und Best-Practice-Ansätze, Wiesbaden 2011

- Felfe, Jörg: Mitarbeiterbindung (Wirtschaftspsychologie), Göttingen 2008

- Szebel-Habig, Astrid: Mitarbeiterbindung, Auslaufmodell Loyalität?, Weinheim 2004

- Meifert, Matthias: Strategic Human Resource Development, Berlin, Heidelberg 2013

- Sass, Enrico: Mitarbeitermotivation, Mitarbeiterbindung, Was erwarten Arbeitnehmer?, Wiesbaden 2019

## Zeitschriften:

- Statistisches Bundesamt (Destatis): Allgemeine Sterbetafeln für Deutschland 2010/2012, Wiesbaden 2015

- Statistisches Bundesamt (Destatis): Bevölkerung Deutschlands bis 2060 – 13. koordinierte Bevölkerungsvorausberechnung, Wiesbaden 2015

- Kröhnert, Steffen, Medicus, Franziska, Klingholz, Reiner (Berlin-Institut): Die demografische Lage der Nation, 1.Aufl., Berlin

- Deutscher Bildungsrat: Strukturplan für das Bildungswesen. Empfehlungen der Bildungskommission. Stuttgart 1970

- Kantar TNS-Studie: Weiterbildungstrends in Deutschland 2018, Darmstadt 06,06.2018

- BDA, Bundesvereinigung der Deutschen Arbeitgeberverbände: Bildung 2030 im Blick ,Berlin 2017

- Seyda, Dr. Susanne; Metzler, Christoph: (Institut der deutschen Wirtschaft Köln e.V.): Betriebliche Weiterbildung, Köln 2016

## Internetseiten

- Business-wissen: Berufliche Fortbildung und Weiterbildung: Wie Sie den Bedarf an betrieblicher Fortbildung und Weiterbildung ermitteln (https://www.business-wissen.de/hb/wie-sie-den-bedarf-an-betrieblicher-fortbildung-und-weiterbildung-ermitteln/), Stand: 10.12.2019

# BEI GRIN MACHT SICH IHR WISSEN BEZAHLT

- Wir veröffentlichen Ihre Hausarbeit,
  Bachelor- und Masterarbeit

- Ihr eigenes eBook und Buch -
  weltweit in allen wichtigen Shops

- Verdienen Sie an jedem Verkauf

Jetzt bei www.GRIN.com hochladen
und kostenlos publizieren